Meine
Erste Heilige
Kommunion

Das
YOUCAT for Kids
Erinnerungsalbum

Zur Ersten Heiligen Kommunion
wünschen von Herzen
Glück und Segen

MEINE ERSTE HEILIGE KOMMUNION

Das
YOUCAT for Kids
Erinnerungsalbum

Bob & Lilly und die Erstko… ko… kommillion

Das Profil von JESUS

Name:	Jesus von Nazaret
Mutter:	Maria
Nährvater:	Josef der Zimmermann
Geburtstag:	Weihnachten. Ihr feiert meinen Geburtstag am 25. 12. Ich find's ok. Die meisten Forscher sagen: Ich wurde 7 Jahre vor mir (7 v. Chr.) geboren. Auch okay! Aber richtig cool ist es, dass mit meiner Geburt eine neue Zeitrechnung beginnt. Wusstest du das schon?
Geburtsort:	Betlehem in Judäa
Beruf:	Zimmermann/Tischler
Sprachen:	Muttersprache: Aramäisch; erste Fremdsprache: Hebräisch
Outdoor-Activity:	Wandern, Segeln, Bergsteigen
Das mag ich:	Mit Kindern zusammen sein, Feste feiern, aber auch mal allein sein, meine Freunde, die Füße gesalbt zu bekommen, Krankheiten heilen und Sünden vergeben, mit meinem Vater im Himmel sprechen, mit Leuten über Gott sprechen
Das nervt mich:	Wenn mein Volk in lauter Gruppen gespalten ist, in Arme und Reiche, Fromme und weniger Fromme, und es nicht mehr so lebt, wie Gott es will
Mein größtes Erlebnis:	Oh, da gibt's einige ... Das da: Als meine Mutter bei einer Hochzeitsfeier mich dazu brachte, Wasser in Wein zu verwandeln, damit die Feier nicht ins Wasser fiel ... Das totale Higlight war meine Auferstehung. Ich lebe!
Mein Motto:	„Ändert jetzt euer Leben, denn Gott ist schon ganz nah!"
Was ich an dir mag:	... dass wir uns hier grad näher kennenlernen!

Hier kannst Du
ein Foto von Dir
einkleben
(2,3x3,0 cm)

Das Profil
von
MIR

Name: _____

Mutter: _____

Vater: _____

Geburtstag: _____

Geburtsort: _____

Das will ich mal werden: _____

Diese Sprachen will ich lernen: _____

Outdoor-Activity: _____

Das mag ich: _____

_____

_____

Das nervt mich: _____

_____

_____

Mein größtes Erlebnis: _____

_____

Mein Motto: _____

Was ich an Jesus mag: _____

_____

Fotos meiner besten Freunde

Bob
ist immer zu
Streichen aufgelegt

Lilly
kennt die allerlustigsten
Witze der ganzen Welt

Die Geschichte, wie Jesus eine Menge Freunde bekam

Du denkst vielleicht: Jesus war allein. Aber das ist nicht wahr. Jesus war ein Mensch, der gar nicht genug Freunde bekommen konnte. Ich kann dir auch erzählen, wie es anfing.

Also das war so:

Jesus hatte einen Verwandten, Johannes, den Täufer. Er war ein Prophet, also einer, der den Leuten knallhart die Wahrheit sagt. Dieser Johannes war ein krasser Typ. Er lebte draußen bei den wilden Tieren in der Wüste, trug einen zotteligen Rock aus Kamelhaaren und ernährte sich von Heuschrecken und wildem Honig. Trotzdem zogen die Leute zu ihm hinaus, obwohl ihnen Johannes keinen Brei um den Mund schmierte: „He, ihr seid die schlimmsten Sünder! Ihr müsst euer Leben komplett ändern!" Jede Menge Leute sagten: „Uff, er hat recht!" Und sie ließen sich taufen als ein Zeichen, dass sie ein neues Leben starten wollten.

War er's oder war er's nicht?

Johannes wurde so berühmt, dass einige meinten: „Das ist bestimmt der Messias!" Nun müsst ihr wissen, was „Messias" bedeutet. Es ist ein hebräisches Wort und meint soviel wie „Gesalbter" (= König) oder Retter. Das Volk Israel wartete mit großer Sehnsucht auf den Messias. Und sie dachten: Johannes ist es! Er ist der Mann, der die blöden Römer aus dem Land schmeißt und Israel wieder groß macht. Aber Johannes sagte: „Da täuscht ihr euch aber gewaltig. Ich bin nichts gegen den, der kommt. Ich bin nicht mal wert, ihm die Schuhriemen zu öffnen!" Und er zeigte mit einem großen Finger auf – Jesus.

Klar wurden die Leute neugierig.

Mal gucken! Zwei Johannes-Fans verfolgten Jesus, bis der sich umdrehte: „Sucht ihr was?" Was sollten sie sagen? War ja irgendwie peinlich. „Reden wir ihn mal mit ‚Rabbi' (= Lehrer) an", dachten sie sich. Und sie sagten: „Rabbi, wo wohnst du denn?" Wahrscheinlich hat Jesus gelächelt, als er sagte: „Na,

dann kommt halt mal mit!" Das machten die auch. Und sie blieben nicht nur den ganzen Tag bei ihm – sondern gleich für immer.

Einer dieser beiden hieß Andreas. Er hatte nichts Eiligeres zu tun, als zum Fischereihafen zu laufen, zu seinem Bruder Simon, und ihm eine heiße Nachricht zu bringen: „Hallo, hallo ... wir haben ihn gefunden!!!" – „Wen?" – „Den Messias!" Das ließ sich natürlich Simon nicht zweimal sagen. Er kam zu Jesus und blieb. Das war krass, denn er hatte ja ein Fischerei-Unternehmen. Stellt euch mal vor, was seine Leute, die vielleicht gerade Fische sortierten,

sagten, als der „Chef" ihnen mitteilte: „Macht das jetzt mal alleine. Ich muss mit Jesus weg!" Nun gut, auch bei Jesus wurde er ziemlich schnell „Chef".

Und dann ging es Schlag auf Schlag.

Am nächsten Tag wollte Jesus losziehen. Vom Jordan – das ist übrigens der tiefste Punkt der Erdoberfläche – hinauf ins Bergland von Galiläa. Da lief dem Jesus der Philippus über den Weg. Sie unterhielten sich. Und Jesus sagte: „Los, zieh mit, hinter mir her!" Das machte er. Aber Philippus kam nicht alleine – er nahm den Nathanael mit. Hast du mitgezählt? Das waren schon fünf ...

Nun stell dir mal vor, mit was für einer großen Truppe Jesus in Galiläa ankam! Dabei hat er überhaupt keine Werbung für sich gemacht. Er hätte ja sagen können: „Ich bin der Größte – und ihr werdet jede Menge Erfolg haben. Geld kriegen, und so weiter!" Genau das tat er nicht. Er sagte sogar: „Ich warne euch, wenn ihr mitkommt! Die Füchse haben Höhlen und die Vögel haben Nester, wo es gemütlich ist. Aber ich kann euch das nicht bieten. Überlegt euch also gut, ob ihr mitkommt!" Da gingen sicher ein paar von den ersten Freunden – man sagt in der Bibel auch „Jünger" zu ihnen – wieder nach Hause: Sorry, Jesus, aber das ist mir zu viel Risiko …

Stellt euch mal vor, die hätten damals einen Film gedreht.

Wo kriegen wir die Waffen her?

Szene 1: Die kommen bei einem Brunnen an. Ah, da ist Wasser und Schatten! Sie füllen ihre Schalen und lassen sich auf dem Boden nieder. Alle blicken auf Jesus, der auf dem Brunnenrand sitzt und auch seinen Durst stillt. „He", ruft einer, „nun sag uns doch, wo es hingeht und was wir tun sollen. Wo kriegen wir Waffen her?" Jesus schüttelt den Kopf: „O Leute, ihr habt es noch nicht kapiert. Mein Vater im Himmel hat mich zu euch geschickt, dass ich den Ar-

men eine gute Nachricht bringe. Gott meint es gut mit ihnen. Wer jetzt blind ist, soll sehen. Wer jetzt gefangen ist, wird frei werden". Vielleicht haben die Jünger nur Bahnhof verstanden. „Und was sollen wir dabei machen?"

Unter Lebensgefahr ...

Szene 2: Ein paar Wochen später. Die Freunde haben schon mehr verstanden von Jesus. Jesus geht durch die Reihen seiner Freunde und sucht bestimmte Leute aus. „Du! ... Du auch! Ihr beiden! Und du da drüben mit den roten Haaren!..." Am Ende sind es 70 Leute, mit denen er sich zurückzieht –

sagen wir mal in eine Höhle, wo ihn alle gut hören können: „Passt auf. Ihr geht jetzt zu zwei und zwei in die Dörfer und sagt den Leuten: Das Reich Gottes ist ganz nahe ...! Aber passt bloß gut auf. Ich sende euch wie harmlose Schafe in das Land der Wölfe" – „Mann, Jesus! Jetzt brauchen wir aber Waffen!!!" – „Nein! Nehmt nichts mit. Nicht einmal einen Geldbeutel."

Okay, sie machten das. Ein paar Tage später kamen sie zurück. „Und wie war es?", fragte Jesus. „Unglaublich!", sagte einer, „wir konnten geradezu Wunder wirken. Und nichts ist uns passiert!"

Von jetzt an seid ihr meine Freunde

Szene 3: Jesus sagte etwas Unglaubliches zu seinen Jüngern: „Bisher habt ihr immer auf mich geschaut, wie so ein Bauernknecht auf den Hofbesitzer. Ich will das nicht mehr. Von jetzt an seid ihr meine **Freunde!** …" Wow! Das war wie Aufsteigen in die Bundesliga! Und noch viel mehr. Denn was ist ein Freund? Ein Freund ist jemand, vor dem ich keine Geheimnisse habe. Ein Freund ist jemand, dem ich 100% vertraue, weil ich ihn 100 mal getestet habe. Und wenn doch mal was passiert ist, kommt der Freund und sagt: „Ich muss dir was gestehen, auch wenn du mich dann für immer verachtest …"

Jetzt könnt ihr sagen: Das sind doch alles alte Geschichten. Eben nicht! Noch heute sucht Jesus echte Freunde, die mit ihm durch Dick und Dünn gehen. Zur Kommunion gehen, heißt zu Jesus sagen:

„Ja, ich bin Dein Freund. Ich will ganz tief mit Dir verbunden sein!"

Meine Freundschaft macht dich stark gegen das Böse!

Lästere! Kratze! Beiße!

Ich will alle Menschen so gerne haben wie mich selbst!

Ich biete einem einsamen Kind meine Freundschaft an.

Ich will ein reines Herz haben!

Ich will Frieden stiften, wenn ich sehe, dass sich zwei streiten.

Hör bloß nicht auf Jesus! Er ist der größte Spaßverderber der Welt.

Nimm, was du kriegen kannst! Dann bist du der Größte!

Ich will jemand aufrichtig vergeben, so als ob nichts war!

Ich bin stolz, wenn jemand mit dem Finger auf mich zeigt: „Sie ist eine Christin/ Er ist ein Christ. Die gehen sogar in die Kirche."

Denk nur an DICH!

Ich nehme mir vor, über andere nicht schlecht zu reden.

Sei schlau und verlogen, trickreich und böse.

Ich will jeden Tag mit Jesus sprechen (= Beten), ihm danken und ihn bitten, dass er mir hilft ein gutes Leben zu führen.

Ich habe was gegen Jesus, denn ich bin DER TEUFEL!

Einen Freund zu haben, das ist gut

Manche Leute haben 1000 Freunde.
Gute und schlechte.
Andere haben gar keinen.
Vielleicht weil sie nicht so groß, nicht so stark,
nicht so klug sind, dass jedermann ihr Freund sein möchte.

Gott hat das gesehen.

Und weil es nicht geht,
dass da auch nur ein einziger Mensch auf der Erde ist,
der keinen Freund hat, hat er seinen eigenen Sohn geschickt
und ihm gesagt:
„Sei du der beste Freund
der ganzen Welt!"

Und wenn du einen siehst,
der traurig ist: Sei sein Freund!
Und wenn du einen siehst,
der einsam ist: Sei sein Freund!
Und wenn du einen siehst,
den keiner gern hat: Hab ihn lieb!

Jesus hat das gemacht.

Er macht das noch immer.

Und er fragt dich und mich:

„Brauchst du einen Freund?

Ja?

Dann komm! Ich bin für dich da!"

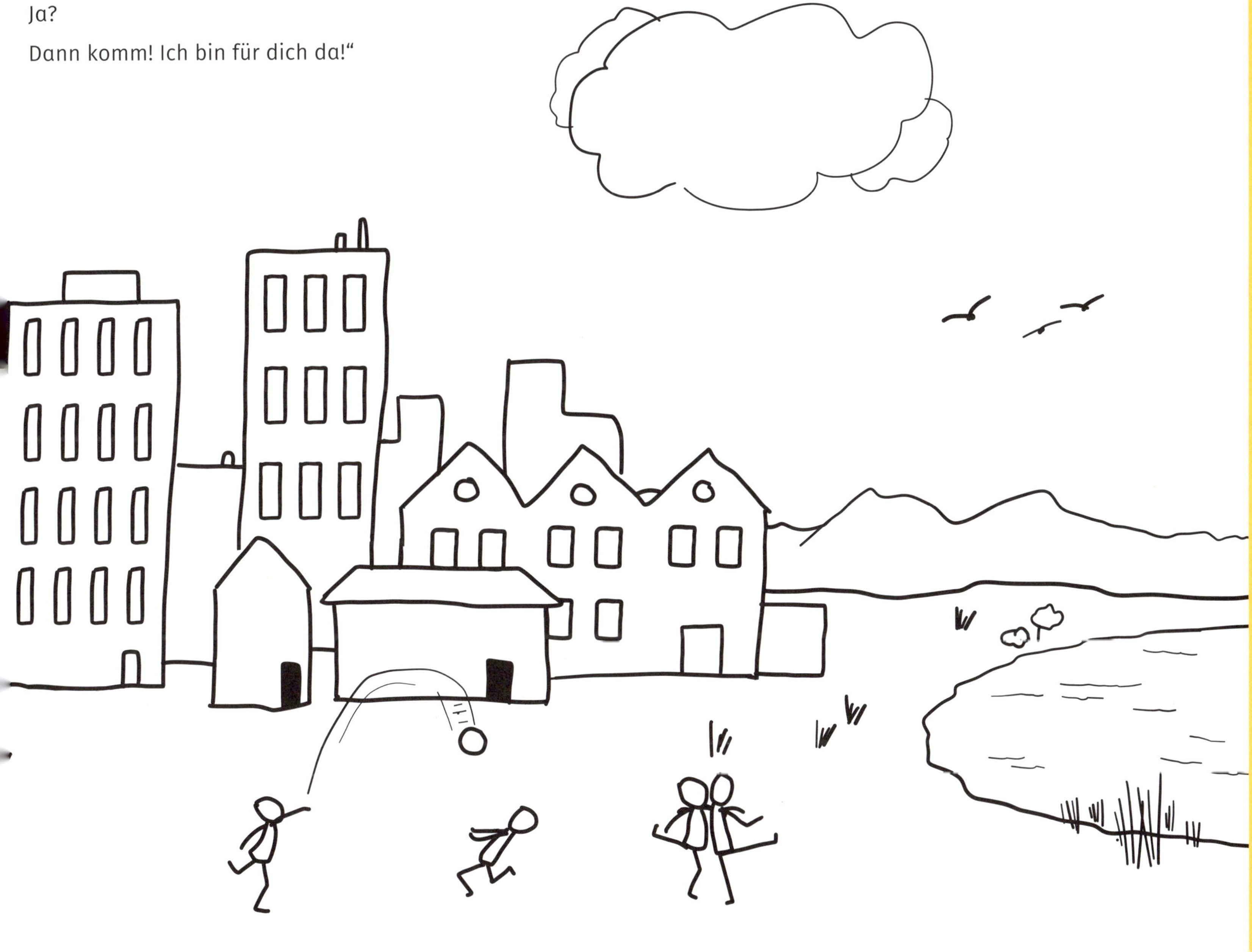

Freunde

... lachen miteinander.

... machen einander Mut.

... haben Geheimnisse miteinander.

... gehen gemeinsam durch Dick und Dünn.

... teilen miteinander.

... feiern miteinander.

In Freundschaft mit Jesus

Sag ihm, was dich freut.

Vertraue ihm an, was du niemandem

sagen würdest.

Teile mit ihm, was dich quält und

wovor du Angst hast.

Bitte ihn um Kraft, wo du schwach bist.

Geh hin, wenn er dich einlädt. Jeden Sonntag.

Zu seinem großen Fest, der Heiligen Messe.

Fotos vom Einzug in die Kirche

Lies noch einmal, warum es so wichtig ist, zur Heiligen Messe zu gehen und die Heilige Kommunion zu empfangen:

75 *Was geschieht in der heiligen Messe?*

Die heilige Messe ist ein Wunder:
Wir dürfen beim Tod und bei
der Auferstehung Jesu dabei sein.
Mit Jesus Christus,
unserem auferstandenen Herrn,
feiern wir das große Fest
der → Danksagung.

Am Tag vor dem → Pessachfest
starb Jesus. Er starb für uns alle.
Am Abend davor hatte Jesus noch
mit seinen Jüngern Mahl gehalten
und die große Danksagung gefeiert.
Er hatte ihnen → Brot und Wein gereicht
und dabei die ungeheuerlichen Worte
gesprochen:

Das ist mein Le

→ Das griechische Wort für Danksagung ist „Eucharistie". Eucharistie ist der andere Name für heilige Messe.

→ Das Pessachfest (früher sprach man vom Paschafest – sprich Pas-cha) ist das große jüdische Fest, das an den Auszug des Volkes Israel aus Ägypten erinnert.

→ Das in der heiligen Messe verwendete Brot nennt man auch Hostie. Hostie kommt vom Lateinischen hostia = Opfer, Opfergabe.

→ Kommunizieren kommt vom Lateinischen communio (= Vereinigung, Gemeinschaft). Deshalb nennen wir den Empfang von Leib und Blut Christi Kommunion. Wir werden eins mit Jesus Christus und sind mit unseren Schwestern und Brüdern verbunden.

In jeder Messe wiederholt der Priester
genau diese Worte über Brot und Wein.
Durch den Heiligen Geist
werden aus Brot und Wein
Jesu Leib und Jesu Blut.

In jeder heiligen Messe
werden Jesu Tod und seine Auferstehung
für uns gegenwärtig: Wir treffen
den gekreuzigten und auferstandenen Herrn
und vereinigen uns mit ihm,
indem wir zur Kommunion gehen (= ➜ kommunizieren).

Es ist nicht wie im Fernsehen,
wo wir die tausendste Wiederholung
eines alten Filmes ansehen.
Durch die heilige Messe sind wir
beim Tod und der Auferstehung Jesu
live dabei.

. Das ist mein Blut.

Fotos von uns um den Altar

Wie meine Kerze, so möchte auch ich…

LICHT
BRINGEN,
wo Menschen dunkle Gedanken haben.

WÄRME
SCHENKEN,
wo Menschen kalt und hart miteinander umgehen.

FREUDE
VERBREITEN,
wo Menschen traurig sind und das Lächeln verlernt haben.

Mein Freund und Herr Jesus Christus,

schenke Du mir die Kraft für ein Leben, das leuchtet,
weil ich gut zu Menschen und Tieren bin.
Gib mir so ein Leben, das Licht verbreitet,
weil ich dankbar bin für meine Eltern,
mein Zuhause, meinen Körper und meine Fähigkeiten.
Ich glaube an Dich und weiß:
Du selbst bist das wahre Leben,
das die Dunkelheit aus der Welt vertreibt
und helle Freude bringt. Amen!

Vor allem möchte ich mal so groß sein wie meine Kerze.

Hier kannst du ein schönes
Foto von dir und deiner
Kerze einkleben!
10x15 cm

Fotos vom festlichen Tag

Fotos vom festlichen Tag

Fotos vom festlichen Tag

Fotos vom festlichen Tag

Fotos vom festlichen Tag

Es ist jetzt Abend und ich habe Zeit zum Nachdenken ...

Was dachte ich, als ich am Morgen meiner Erstkommunion aufstand?

_____

_____

_____

Welches Gefühl hatte ich, als wir in die Kirche einzogen?

_____

_____

Was hat der Pfarrer in der Predigt gesagt?

_____

_____

_____

Was dachte ich, als ich zum ersten Mal den Leib des Herrn empfing?

_____

_____

_____

Wo musste ich einmal richtig lachen an diesem Tag?

_____

_____

_____

Über welches Geschenk habe ich mich besonders gefreut?

_____

_____

Was schmeckte mir beim festlichen Essen am besten?

_____

_____

Welcher Gast musste ganz weit fahren, um mich zu sehen?

_____

_____

_____

Was war der schönste Moment am ganzen Tag?

_____

_____

_____

Was möchte ich in meinem ganzen Leben nicht mehr vergessen?

_____

_____

_____

Das kleine Gästebuch

Wir waren deine Gäste auf deiner Erstkommunion ...

Ich wünsche dir
eine supecoole
Bombenfreund-
schaft mit Jesus!

Dein
Bob

... und **das** wünschen wir dir von Herzen:

Ich wünsche dir, dass du alle Angst ver- lierst, weil Gott dich so gern hat und immer bei dir ist!

Deine
Lilly

Danke, dass du bei mir bist!

Jesus Christus,
mein lieber Herr und Gott,
Du hast mich eingeladen.
Ich durfte Dir so nahekommen wie noch nie.
Ich habe Dich in mich aufgenommen
und trage Dich in meinem Herzen.
Du bist mein. Und ich bin Dein.
Wie schön ist das!
Ich lobe Dich und danke Dir,
dass Du so gut bist zu mir.

Oh ja – und ich danke Dir,
dass Du mir Eltern geschenkt hast
und so viele andere wunderbare Menschen,
die mich von Herzen gern haben
und mich in meinem Leben begleiten.
Danke für …   *Hier kannst du Namen überlegen und Jesus sagen!*
Segne sie und mach sie glücklich.

Jesus Christus!
Ich trage Deinen Namen
und bin stolz darauf,
eine Christin/ein Christ zu sein.
Hilf mir durch Deinen Heiligen Geist,
dass ich niemanden traurig mache.
Hilf mir, dass ich Freude in die Welt bringe
und gut bin zu allen,
die mich brauchen.
AMEN.

Platz für deine Dankeskarte

Hmm ... Ministrant werden? Tolle Sache!

**Du hast die Erste Heilige Kommunion empfangen.
Bingo!**

Wenn du willst, kannst du jetzt Ministrantin oder
Ministrant werden!
Echt? Ja!
Und was tun die so?

- „Minis" helfen dem Priester beim Gottesdienst.
- Sie kümmern sich darum, dass mit dem Kelch, der
  Hostienschale, den Gebetbüchern, den Kerzen, den
  Schellen und dem Weihrauch alles klar geht.
- An großen Festtagen wie Ostern, Pfingsten und
  Weihnachten ziehen die Minis und der Priester oft
  mit 20 Leuten in die Kirche ein. Total festlich!

Einfach anmelden!

Dein Pfarrer freut sich, wenn du mitmachst!

Impressum

Bibliographische Information der Deutschen Bibliothek
Die Deutsche Nationalbibliothek verzeichnet diese Publikation in der Deutschen Nationalbibliografie; detaillierte bibliografische Daten sind im Internet über http://dnb.dnb.de abrufbar.

Idee und Umsetzung: Bernhard Meuser, Claudia Weiß und Alexander von Lengerke

© 2019 YOUCAT Foundation gemeinnützige GmbH
der YOUCAT Foundation ist das Päpstliche Hilfswerk ACN mit Sitz in Königstein im Taunus. Alle Rechte vorbehalten. Die Verwendung der Marke YOUCAT erfolgt mit Zustimmung der YOUCAT Foundation. YOUCAT® ist eine international geschützte Wort- und Bildmarke. Eingetragen unter GM: 011929131.

Umschlaggestaltung, Layout, Illustrationen und Satz: Alexander von Lengerke, Köln

Druck und Bindung:
Gesamtherstellung: Druckmedien Speyer GmbH in Kooperation mit Parzeller print & media GmbH & Co. KG
Produktionskoordination: Druckmedien Speyer GmbH, Speyer

ISBN: 978-3-945148-24-2
www.youcat.org

Die YOUCAT Foundation gemeinnützige GmbH fördert durch ausgeschüttete Gewinne der Verlagsarbeit und eingegangene Spenden weltweit Projekte der Neuevangelisierung, in denen junge Menschen ermutigt werden, den katholischen Glauben als Grundlage für ihr Leben zu entdecken. Sie können die Arbeit der YOUCAT Foundation durch eine Spende unterstützen: Deutsche Bank AG, BLZ 720 700 24, Kto.-Nr.: 031 888 100, IBAN: DE13 7207 0024 0031 8881 00, BIC: DEUTDEDB720

Bildnachweis

Felipe Belloni; Martine Boutros; Charles Costantine; Thomas Crouzier; Ildikò von Ketteler; Mattia Mohr; Father Jude Thaddeus Langeh; Alexander von Lengerke; Pixabay, lizensiert CC0 1.0; Albus Pioquinto; Peter Rydzon, Jodi Stauffer
S. 17 Waiting for the Word, www.flickr.com